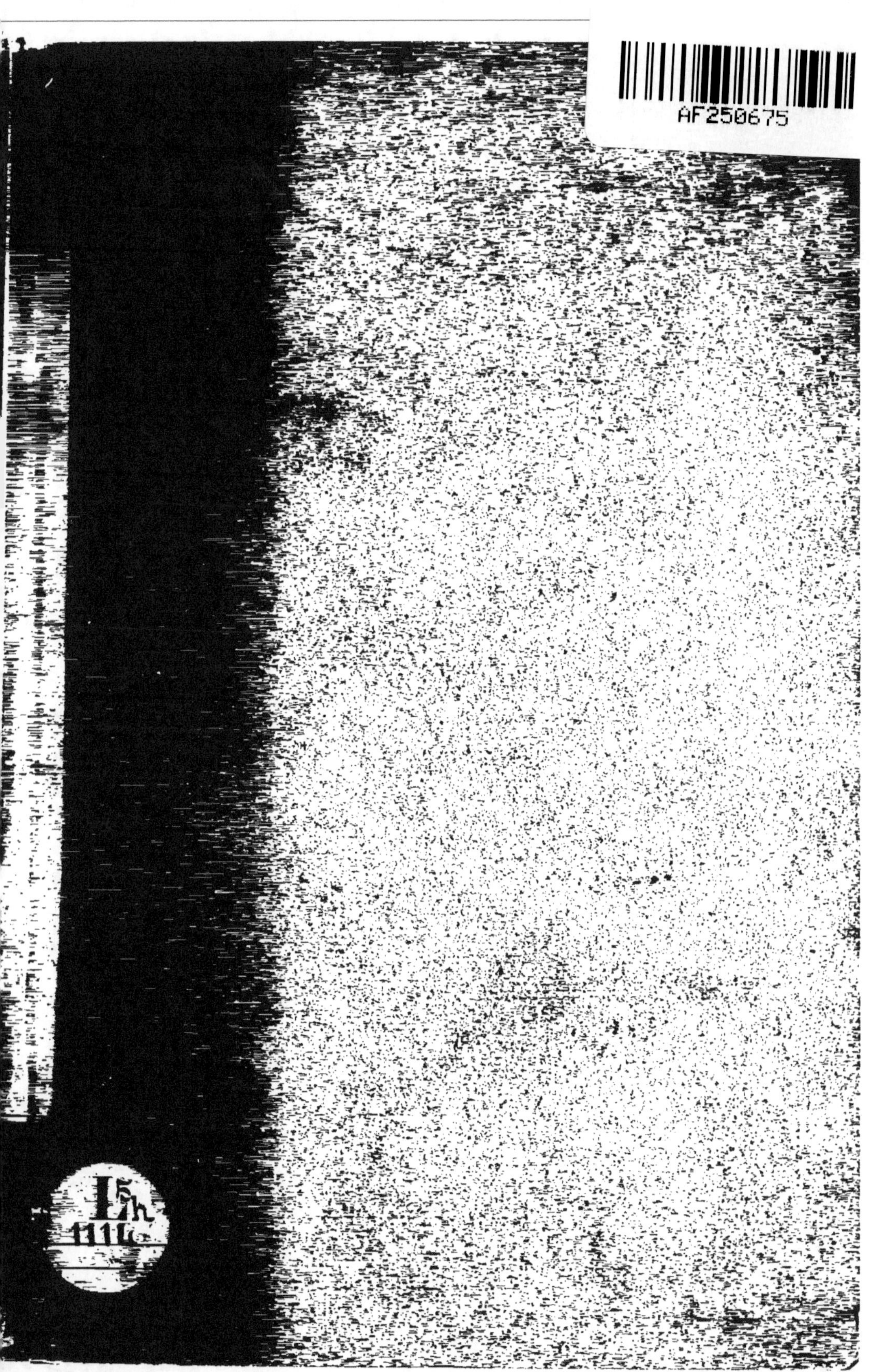
AF250675

Extrait de la **REVUE ALSACIENNE** de 1883

L'ENTRÉE

DES BADOIS

A COLMAR

Le 14 septembre 1870

PAR

F. DINAGO

PARIS

BERGER-LEVRAULT ET Cie

Éditeurs de la Revue alsacienne

5, RUE DES BEAUX-ARTS

MÊME MAISON A NANCY

L'ENTRÉE DES BADOIS A COLMAR LE 14 SEPTEMBRE 1870[1]

Si j'ai songé à publier l'*Entrée des [Badois à Colmar le 14 septembre 1870*, c'est parce que ce triste épisode a coûté la vie à quelques-uns de mes braves concitoyens qui n'ont pas hésité à verser leur sang pour la France et dont les noms ne doivent pas rester dans l'oubli. Au milieu de nos désastres, il est consolant de constater une fois de plus que, durant cette pénible campagne, les gardes nationaux, aussi bien que l'armée régulière, ont partout et toujours fait preuve d'un courage et d'un élan qui n'ont dû céder que devant le nombre.

La garde nationale de Colmar, elle aussi, a fait son devoir. Voulminot, Wagner et Linck sont morts pour la patrie : il importe qu'on s'en souvienne. Et si j'ai contribué à perpétuer un souvenir qui fait honneur à ma ville natale, je serai satisfait ; car ces quelques lignes n'ont d'autre but que de rendre un douloureux hommage à ces bons patriotes dont Colmar doit être fière d'enregistrer le dévouement dans ses annales. Au moins ces braves ont-ils pu mourir sur une terre française, sur le sol français de l'Alsace, sans ressentir la douleur de la voir arrachée à la mère-patrie pour laquelle ils sont si vaillamment tombés. Certes, c'est là un bonheur ; et M. Bartholdi, qui a sculpté le monument funèbre élevé par souscription sur leur tombe, a bien reproduit le sentiment qui anime le cœur des Alsaciens en général et qui devait tout particulièrement enflammer celui des glorieuses victimes du 14 septembre. Ce monument que l'on peut admirer au cimetière de Colmar, représente un sépulcre dont la pierre supérieure est soulevée en partie et d'où sort le bras crispé d'un combattant cherchant encore à ressaisir une arme qui lui échappe. Le sujet a été inspiré et le monument inauguré peu de temps après le traité qui exigeait de la France l'annexion de l'Alsace à l'empire d'Allemagne, et l'on comprend bien la lugubre et patriotique image de l'habile sculpteur colmarien. A voir cette reproduction saisissante, on dirait qu'à la nouvelle de l'arrêt fatal, les cadavres de ces braves ont tressailli et

[1]. Extrait de notes recueillies pendant les premiers jours de la guerre franco-allemande de 1870-1871.

qu'ils ont cherché à sortir de leur tombe pour protester et lutter encore contre un ennemi inexorable, mais la mort les retient et ils essaient en vain de reprendre l'arme couchée à côté d'eux et trop tôt tombée de leurs mains.

COMBAT DU PONT DE HORBOURG.

Mardi 13 septembre 1870. — A 7 |heures du soir, des paysans, parmi lesquels un grand nombre de femmes et d'enfants, arrivent tout effarés en ville, par le faubourg de Brisach et annoncent que les Prussiens occupent les villages situés du côté de Holtzwihr. Les éclaireurs de la garde nationale sédentaire de Colmar partent en toute hâte et reviennent confirmer la nouvelle. Les éclaireurs se composaient des habitants qui possédaient des chevaux et qui pouvaient renseigner l'autorité sur le bien ou mal fondé des bruits de toutes sortes que l'on faisait courir.

Mercredi 14 septembre 1870. — Au réveil rien de nouveau.

Vers 8 heures du matin, accourent des cultivateurs de Wihr et Horbourg, disant que l'ennemi marche sur Colmar. Puis quelques instants après, des paysans des environs remplissent les rues du faubourg de Brisach et la rue Vauban, entraînant avec eux leurs bœufs, leurs chevaux, leur ménage, et annonçant que les Prussiens traversent le pont de l'Ill à Horbourg. Immédiatement l'alarme se répand dans toute la ville ; les magasins et les volets se ferment, la foule court pêle-mêle dans les rues ; la compagnie des francs-tireurs de Saint-Denis part en toute hâte pour Horbourg, suivie de plusieurs centaines de gardes nationaux sédentaires qui avaient forcé la poudrière du quartier de cavalerie pour se munir de cartouches [1]. Quelques minutes après, on entend la fusillade, puis le canon, dont les projectiles et la mitraille viennent pleuvoir sur les premières habitations du faubourg de Brisach. Les maisons Rollat, Kæppelin, Umdenstock sont atteintes par des obus et des balles; une cloche de l'usine à gaz est percée par un boulet. La lutte est engagée à la fois sur le pont de l'Ill à Horbourg et dans la forêt dite *Semwald*, vis-à-vis des tuileries Laïs et Hanser, près desquelles

---

1. La garde nationale sédentaire avait reçu des fusils le 10 septembre, mais de vieux fusils à baguette et point de poudre. Il est aussi bon de rappeler que depuis près d'un mois nous n'avions plus de garnison ni de troupes régulières à Colmar et aux environs, et que toutes nos villes et villages de la frontière étaient abandonnées aux seules ressources de leurs habitants. Aussi, dans plusieurs endroits, les représailles de l'ennemi ont-elles été terribles.

nos gardes nationaux avaient élevé des barricades de briques. Mais nos braves concitoyens luttaient contre tout un corps d'armée badois, composé d'infanterie, artillerie, cavalerie, etc., et la résistance ne put se prolonger au delà d'une demi-heure. L'ennemi avait 10,000 hommes environ, contre 300 de notre côté, et le canon tonnait toujours ; l'artillerie badoise était rangée sur la digue, vis-à-vis de l'Orangerie, et tirait sur la ville. Les clairons de la garde nationale sonnent la retraite. Les francs-tireurs de Saint-Denis qui ont fait preuve, en cette matinée, d'un courage digne des plus grands éloges, et nos gardes nationaux qui les ont vaillamment soutenus, se replient sur la ville, annonçant que l'ennemi approchait avec des forces imposantes et qu'il était impossible de résister d'une manière efficace. Les officiers de la garde nationale, réunis à la mairie en conseil sous la présidence du commandant Guisse, décident alors que la garde civique ne s'opposerait pas plus longtemps à une inévitable invasion et les francs-tireurs se dirigent au plus vite vers la montagne, par la route de Wintzenheim et la vallée de Munster. Les derniers avaient à peine quitté la rue de la gare et le passage à niveau du chemin de fer, que l'ennemi entrait en ville par toutes les issues, aux cris de *hourrah! hourrah!*... Tout était perdu, fors l'honneur. La consternation était à son comble, mais un sentiment de tristesse profonde prédominait : on voyait l'Alsace envahie, peut-être perdue, la France humiliée, et à cette patriotique douleur se mêlait aussi la crainte des représailles.

Sur l'ordre des chefs ennemis, les volets s'ouvrent, ainsi que les magasins qu'on avait pris la précaution de fermer. Quelques soldats tirent même dans des devantures qu'on n'ouvre pas assez vite. Dans la rue Vauban, un malheureux père de famille, frappé de stupeur et s'écriant : *Do sind die Schwobe!* tombe percé de balles ; sa femme, qui accourt pour le sauver, tombe également à côté de son infortuné mari.

L'avant-garde ennemie se rend aussitôt à l'hôtel de ville et fait irruption dans la salle où siège le conseil municipal. Un officier arrache du balcon le drapeau tricolore et est acclamé par ses troupes rangées dans la rue des Clefs et devant la caserne d'infanterie. Quelle douloureuse humiliation ! Je vois des larmes dans bien des yeux.

Le maire, M. de Peyrimhoff, les deux adjoints, MM. Jules Mathieu Saint-Laurent et Stœcklin, et quelques conseillers municipaux accourus en toute hâte à l'hôtel de ville, descendent dans la cour et sont immédiatement cernés par les dragons badois qui les déclarent prisonniers de guerre [1]. A ce moment, un major, pistolet au poing, s'approche du maire et demande à traiter avec lui ; mais le digne magistrat répond avec un sang-froid qui ne l'a jamais abandonné pendant nos cruelles épreuves, qu'il ne consent pas, pour l'honneur de la ville, à traiter avec un major et qu'il attendra le général. — *Dass ist ganz recht* (c'est très bien), lui répond le major en se retirant, et une demi-heure après le général se présentait. Il est 11 heures. Il se nomme von Keller et se dit parent du général Rapp. Le général von Keller commence par déclarer que ce n'est que grâce à sa parenté avec le général Rapp, que la ville doit de n'avoir pas été réduite en cendres, car il n'admet pas qu'une ville ouverte se défende au moyen de troupes qu'il considère comme irrégulières. Puis il somme le maire de faire publier l'ordre que tous les fusils de la garde nationale et autres armes devront être déposés à l'hôtel de ville avant 9 heures, sous peine de visites domiciliaires et de l'application rigoureuse des lois de guerre qu'il fait aussitôt afficher et qui punissent de mort tout détenteur d'armes de guerre ou autres dans le pays envahi. L'autorité militaire fait également publier que les établissements publics seront fermés à 9 heures du soir. En même temps, il est fait défense de sonner les cloches ; mais comme il est midi, le sonneur tinte l'*Angelus*. L'ennemi croit que c'est le tocsin et court dans toutes les directions : cette fausse alerte est bientôt apaisée. Pendant ce temps, un détachement de pionniers procède à l'enlèvement des rails, à la gare, et à la destruction du télégraphe. Quant aux appareils télégraphiques, nos employés avaient pris la précaution de les enlever au moment de l'entrée des Badois et de les diriger sur Belfort.

Une compagnie de soldats va cerner la préfecture, afin de faire prisonnier M. Grosjean, préfet du 4 septembre, qui se promenait en ville et assistait même, d'après ce que l'on raconta plus tard, aux manœuvres des Badois autour de la préfecture. M. Lemercier,

1. Les conseillers municipaux qui assistaient le maire et les adjoints, étaient : MM. Roncker, notaire ; Stéphan, négociant ; Belin (Édouard), juge au tribunal ; Ernst (Adolphe), avoué à la cour ; Widerker, carrossier ; Spaeth, tanneur... On ne saurait adresser assez d'éloges et de remerciments à la municipalité et aux conseillers municipaux, pour le dévouement et le zèle qu'ils ont apportés dans leurs pénibles fonctions. Ils siégeaient presque en permanence à la mairie et ils ont eu à soutenir une lutte continuelle et souvent périlleuse contre un ennemi toujours très exigeant dans ses réquisitions.

secrétaire général, quoique démissionnaire depuis le 4 septembre, est retenu prisonnier dans son cabinet de l'hôtel de la préfecture, dont l'ennemi emporta toutes les clefs, celles des appartements, des bureaux des chefs de division et des archives. De là, les Badois se rendent à la trésorerie générale. M. Renouard de Bussière sort avec tous ses employés et jure sur l'honneur qu'il n'y a plus d'argent dans la caisse. L'officier commandant le détachement répond en assez bon français : *Là où il n'y a rien, le roi perd ses droits*; et après s'être assuré que la caisse était réellement vide, il dit en sortant à ses hommes : *Der verfluchte « Bund »*. En effet, le *Bund*, journal suisse, de Berne, d'ordinaire bien renseigné depuis le commencement des hostilités, avait annoncé l'envahissement du Haut-Rhin pour le 14 septembre ;... et l'on avait tenu compte de l'avertissement.

Les chefs s'occupent alors de répartir leurs hommes dans les maisons particulières. C'est par groupes de 10, 15 et 20 qu'on les loge, surtout dans les habitations des rues avoisinant la place d'Armes et la rue des Clefs, afin de ne pas trop disséminer les soldats. L'artillerie, composée de dix-huit pièces de canons de campagne, un régiment de cavalerie et un régiment d'infanterie étaient restés à Horbourg et dans les environs, à Andolsheim, Wihr, etc. Le reste, c'est-à-dire 6,000 hommes environ, était logé à Colmar chez les particuliers.

Dans l'après-midi, on apprend que le combat du matin avait coûté la vie à trois gardes nationaux, les nommés *Voulminot*, aubergiste de l'Hommelet-Rouge, *Wagner*, bottier, et *Linck*, peintre, qui étaient tombés les armes à la main. Une ouvrière de la fabrique Weissgerber avait également eu la poitrine traversée par une balle, mais on ne savait si ses jours étaient en danger. L'ennemi aurait perdu, dit-on, une quinzaine d'hommes tant tués que blessés. En allant visiter l'usine à gaz criblée de projectiles, j'apprends que M. Kæppelin était resté au milieu de la grêle de balles, pour surveiller les dégâts et obvier, en cas de besoin, aux accidents terribles qui pouvaient arriver à l'usine et compromettre tout un quartier de la ville. Ce trait de courage a mis plusieurs fois sa vie en péril.

J'apprends également qu'un malheureux père de famille, nommé Blau, scieur de bois, avait été tué à coups de sabre devant la caserne d'infanterie, par une dizaine de dragons auxquels il avait montré le poing et qui s'étaient rués sur lui.

Le reste de la journée ne présente aucun détail saillant. On voit

passer des voitures et des détachements badois envoyés dans les villages voisins pour enlever les armes. A 9 heures du soir, les établissements publics se ferment, suivant l'ordre du général, et à partir de ce moment, de nombreuses patrouilles sillonnent les rues. La nuit est calme et le silence n'est interrompu que par les cris souvent répétés de *Wer da!* que les nombreuses sentinelles échelonnées partout jettent au passage des patrouilles.

Jeudi 15 septembre 1870. — Ce jour ordinaire des foires, pas de marché. — Les voitures des paysans sont réquisitionnées pour conduire quelques compagnies de troupes à un endroit que l'on ignore. On apprend plus tard par les voituriers que c'est à Chalampé. A 8 heures 1/2, le tambour de la ville publie que tous les propriétaires de chevaux doivent les conduire au quartier de cavalerie. Cette nouvelle exigence de l'ennemi inquiète, car on craint des réquisitions de plus en plus onéreuses; mais la commission d'examen ne conserve que 8 chevaux de maîtres [1], pouvant servir aux cavaliers dragons dont les montures avaient été prises ou tuées à Muntzenheim par la garde mobile de Neuf-Brisach. Les autres sont renvoyés, au grand contentement des laboureurs qui n'avaient pour principaux moyens de vivre que leurs chevaux de culture.

A 11 heures, départ précipité de toute la garnison ennemie ; infanterie, cavalerie, artillerie, pontonniers, traversent la ville au son de la musique. L'ennemi se dirige du côté de Sainte-Croix-en-Plaine, en sortant par l'ancienne porte de Bâle. Conjectures nombreuses. On croit généralement que c'est pour aller investir Mulhouse... Tout à coup on entend la canonnade. On assure qu'il y a un engagement entre l'ennemi et des bataillons d'infanterie française venus de Belfort par la montagne et la forêt du Fronholtz. On monte à la tour de l'église, mais on ne voit rien. On apprend plus tard que l'ennemi, arrivant à la hauteur du pont de Sainte-Croix et se voyant entouré de forêts qu'il croyait regorger de francs-tireurs, y avait envoyé plusieurs projectiles et avait continué cet exercice jusqu'à ce qu'il fût en plaine tout à fait découverte.

Vers 3 heures, arrivent deux estafettes à l'hôtel de ville demander leur chemin afin de transmettre des ordres au quartier-général. Un journalier s'élance sur un des deux dragons badois et veut l'empêcher d'entrer à l'hôtel de ville. M. le maire et M. le baron Meyer de

---

1. Ces chevaux appartiennent à MM. de Rheinwald, propriétaire ; Brunck, inspecteur des forêts ; Renouard de Bussière, trésorier-payeur général ; Kress, brasseur.

Schauensée s'interposent et conduisent les deux cavaliers jusqu'au faubourg de Bâle. On s'attend toujours à voir arriver de nouvelles colonnes; mais la nuit survient sans nouveaux passages. Dans la soirée, on apprend que le franc-tireur et le garde national Keller, faits prisonniers la veille, avaient été emmenés à Rastadt.

Les bourgeois de la ville recommencent le service des *constables* pour maintenir l'ordre et la tranquillité. Les rondes et patrouilles se font avec le concours de la police : les constables portent un brassard aux couleurs de la ville, vert et rouge. La ville est calme.

Vendredi 16 septembre. — Pas de troupes ennemies revenues.

A 9 heures, enterrement du nommé Wagner, garde national de la 1re compagnie du 2e bataillon, qui avait été trouvé à la briqueterie de Horbourg, la tête fracassée par une balle. La foule est immense pour accompagner ce brave à sa dernière demeure. On sonne les cloches de nouveau depuis ce matin. A 10 heures, enterrement de la jeune ouvrière blessée près de la fabrique Weissgerber et morte dans la soirée à l'hôpital. La ville est traversée de temps en temps par une estafette qui se rend au quartier-général.

Les voituriers requis hier sont d'accord pour dire qu'ils ont conduit les Badois à Chalampé où ils construisent un pont sur le Rhin. On ne sait si c'est pour retourner chez eux ou pour faire passer des troupes de renfort.

Samedi 17 septembre. — Au réveil, pas de troupes ennemies.

L'ennemi est entré à Mulhouse, sans coup férir, mais après une magnifique protestation de son maire, M. Jean Dollfus. Pas de nouvelles de Paris, pas de journaux, pas de courrier. Il semble qu'il y a une éternité que nous sommes sans nouvelles.

A 10 heures, enterrement du garde national Voulminot. Toute la ville assiste à son convoi funèbre.

Dans la journée, arrive une estafette envoyée par le quartier-général ennemi pour prévenir le maire que si l'on tirait encore sur une estafette comme on l'avait fait la veille, la ville serait occupée par deux ou trois régiments et soumise aux plus dures réquisitions. Deux citoyens de la ville accompagnent le cavalier allemand jusque près de Sainte-Croix, c'est-à-dire au delà du territoire de la commune de Colmar, afin de dégager la responsabilité de la ville et de ses habitants.

A 6 heures, arrive le courrier de Belfort, apportant des lettres et des journaux de Paris, datés des 14, 15 et 16 septembre. On se précipite sur les journaux, mais ils ne contiennent aucune nouvelle importante.

L'ennemi approche de plus en plus de Paris. Aucune confirmation de l'intervention de l'Autriche ou des États-Unis, comme on le disait depuis quelques jours.

Dimanche 18 septembre. — Dès le matin, on annonce que les troupes ennemies reviennent à Colmar. On monte à la tour de l'église, et, en effet, à 10 heures, on voit s'avancer de grandes masses noires ; mais au lieu d'entrer en ville, les régiments badois qui reviennent de Mulhouse et d'Ensisheim, prennent la croisière de Logelnheim et se dirigent vers Sundhoffen et Andolsheim. Malgré cela, on n'est pas tranquille, et l'on est sur le qui-vive toute la journée.

A 4 heures, dépêches de Paris annonçant que les élections municipales auront lieu le 25 septembre et les élections de la Constituante le 2 octobre au lieu du 16. Cette nouvelle est accueillie avec joie, car de cette façon la France aura un gouvernement régulier et définitif.

A partir de ce jour, mes notes deviennent plus uniformes et sont enfin interrompues par mon départ pour Lyon, où toute la jeunesse valide de l'Alsace, malgré les dangers et les péripéties d'un départ effectué dans de pareilles conditions, se rend pour se mettre à la disposition du ministre de la guerre. Après avoir été arrêtés plusieurs fois par les patrouilles allemandes, nous arrivons à Bâle et de là nous gagnons Lyon où se forment les légions de marche d'Alsaciens-Lorrains. Les premières connaissances que je rencontre sont mes amis Véran, avocat à Paris, et Jules Triponel, médecin à Rouffach [1].

Que va devenir notre chère Alsace si abandonnée !!!.....

Saint-Dié, ce 8 février 1883.

F. DINAGO,

Avocat à Saint-Dié, bâtonnier de l'ordre.

1. Les deux sont morts depuis la guerre.

Nancy. — Imprimerie Berger-Levrault et Cⁱᵉ.

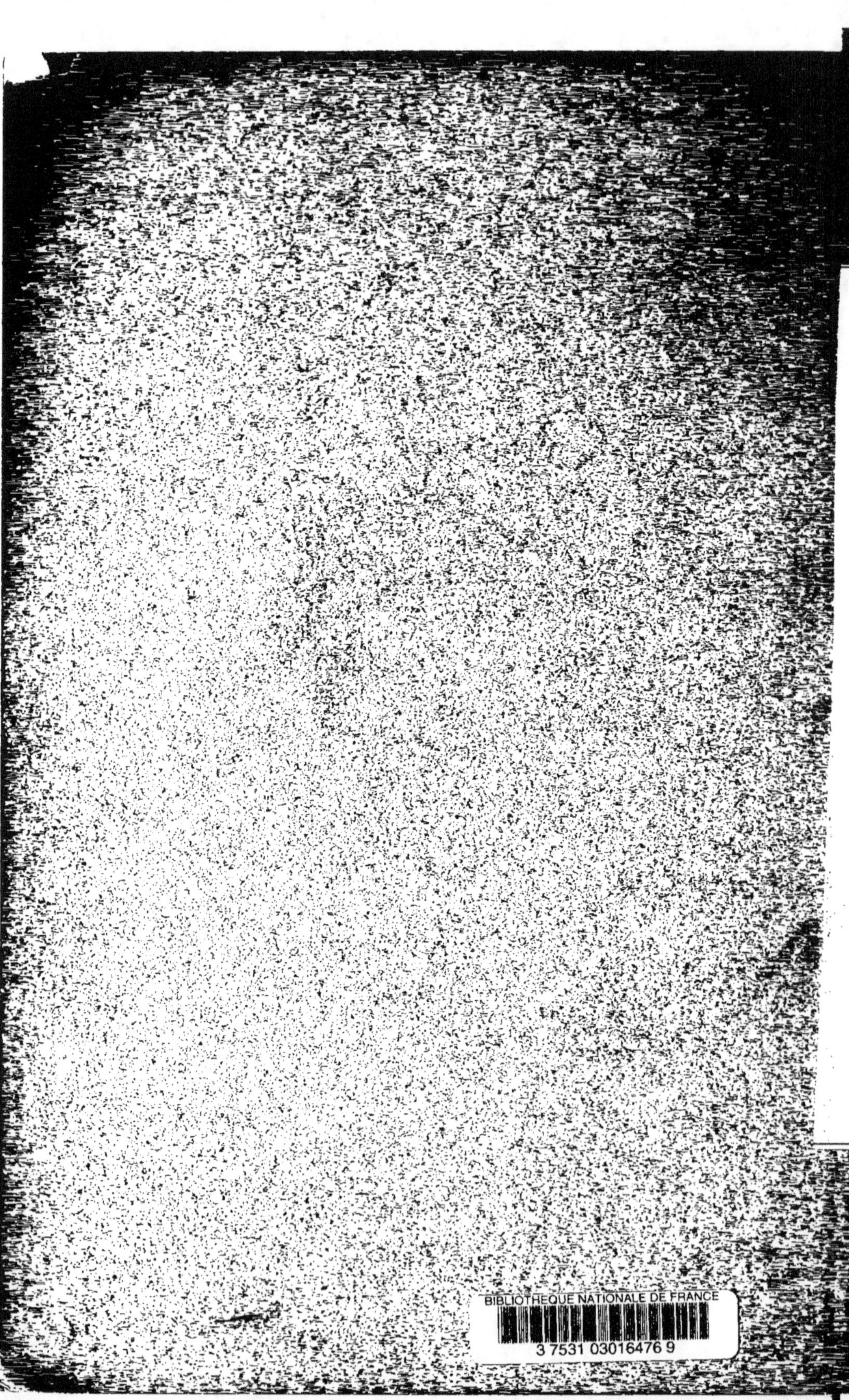